Félix Lope de Vega y Carpio

Los cinco misterios dolorosos de la pasión y muerte

Créditos

Título original: Los cinco misterios dolorosos de la pasión y muerte.

© 2024, Red ediciones S.L.

e-mail: info@linkgua.com

Diseño de cubierta: Michel Mallard

ISBN tapa dura: 978-84-1126-009-1.
ISBN rústica: 978-84-9816-742-9.
ISBN ebook: 978-84-9897-738-7.

Cualquier forma de reproducción, distribución, comunicación pública o transformación de esta obra solo puede ser realizada con la autorización de sus titulares, salvo excepción prevista por la ley. Diríjase a CEDRO (Centro Español de Derechos Reprográficos, www.cedro.org) si necesita fotocopiar, escanear o hacer copias digitales de algún fragmento de esta obra.

Sumario

Créditos _____ 4

Brevísima presentación _____ 7
   La vida _____ 7

Los cinco misterios dolorosos de la pasión y muerte de Nuestro Señor
Jesucristo, con su Sagrada Resurrección _____ 9

Primero misterio _____ 11

Segundo misterio _____ 21
   Buelba mi pluma al misterioso canto _____ 27

Tercero misterio _____ 29
   El alma triste de dolor y pena _____ 37

Cuarto misterio _____ 39
   Agora agora vengan con más ánimo _____ 45

Quinto misterio _____ 47
   Llanto de María _____ 50
   Resurrección de Cristo _____ 69

Libros a la carta _____ 79

Brevísima presentación

La vida

Félix Lope de Vega y Carpio (Madrid, 1562-Madrid, 1635). España.

Nació en una familia modesta, estudió con los jesuitas y no terminó la universidad en Alcalá de Henares, parece que por asuntos amorosos. Tras su ruptura con Elena Osorio (Filis en sus poemas), su gran amor de juventud, Lope escribió libelos contra la familia de ésta. Por ello fue procesado y desterrado en 1588, año en que se casó con Isabel de Urbina (Belisa).

Pasó los dos primeros años en Valencia, y luego en Alba de Tormes, al servicio del duque de Alba. En 1594, tras fallecer su esposa y su hija, fue perdonado y volvió a Madrid. Allí tuvo una relación amorosa con una actriz, Micaela Luján (Camila Lucinda) con la que tuvo mucha descendencia, hecho que no impidió su segundo matrimonio, con Juana Guardo, del que nacieron dos hijos.

Entonces era uno de los autores más populares y aclamados de la Corte. En 1605 entró al servicio del duque de Sessa como secretario, aunque también actuó como intermediario amoroso de éste. La desgracia marcó sus últimos años: Marta de Nevares una de sus últimas amantes quedó ciega en 1625, perdió la razón y murió en 1632. También murió su hijo Lope Félix. La soledad, el sufrimiento, la enfermedad, o los problemas económicos no le impidieron escribir.

Los cinco misterios dolorosos de la pasión y muerte de Nuestro Señor Jesucristo, con su Sagrada Resurrección

Al muy Ille. señor don Hierónimo Manrique del Qonsejo Supremo de Su Magestad de la sancta general Inquisición.
Considerando (M. Ille. señor) los días pasados en qué pudiera emplear los desocupados ratos que del servicio de V. m. resultan, allé que en ninguna tan justamente se emplean como en obras de deboción, principalmente en ésta a quien todos con tanta razón estamos obligados, que no es otra cosa (verdaderamente) sino una piedra ymán que las más remotas almas del servicio de tan alto misterio así las atrahe tan de beras, que abrazando (de corazón) la cruz de sus trabajos, siguen aquel que tan de buena gana con la suya le sirbe de capitán y guía contra el enemigo exército del demonio; ansí yo atrahido de esta dibina piedra, quise en la contemplación de estos misterios publicar el sentimiento a que la memoria de tanta pena nos obliga. Bien sé que alguien dirá que a sido atrevimiento querer seguir sujeto que después de quatro dibinos ebangelistas an seguido y imitado tantos peregrinos ingenios. Pero tendré disculpas diziendo que tan alta istoria y balerosas hazañas de tan heroico príncipe an de ser de nuebo cada día tan sentidas y dibulgadas que las coxan todos con abundancia el berdadero fin. Mas porque para tan pequeña obra excede ya la epístola, es justo límite no más de que V. m. resciva este mínimo servicio como del más mínimo de sus criados de V. m., cuya muy ilustre persona nuestro Señor guarde y en estado aumente, como todos deseamos.
    V.L.m.a. V.M. su menor criado Félix Lope de Vega y Carpio

Los cinco Misterios dolorosos de la pasión y muerte de Nuestro Señor Jesucristo, con su Sagrada Resurrección

    No la fiereza de Belona y Marte,
    no del amor el dulce estilo canto,
    no de bana fiction siguiendo el arte,
    no heroicos hechos de temor y espanto,
    no las impresas de enemiga parte,

no las mentiras del fingido encanto,
no los trofeos, triumfos y victorias,
que no me precio, no, de humanas glorias.

Primero misterio

Fiereza canto, o Marte, canto y guerra,
amores canto de un heroico pecho,
los hechos canto del que en cielo y tierra
dignas hazañas de memoria ha hecho;
impresas canto del balor que encierra
el que el mundo ganó con solo un hecho
trofeos soberanos y victorias,
preciándome cantar dibinas glorias.

Canto aquellos misterios dolorosos
de la pasión y muerte que dio bida
a los humanos hombres temerosos
de quien no fue tal gloria conoscida,
canto los llantos tristes, lastimosos,
de una princesa y reina esclarescida
de cuya pena triste hará memoria
el ronco pecho de mi amarga istoria.

No imploro el fiero y apolíneo aliento,
pues deél y de sus musas la mía huye,
que a ti, dibino Apolo, ba mi intento
y el fin del saver en ti concluye.
Y tú, sacerdotisa, a mi lamento
tu néctar celestial y ambrosía influye;
inspírame saver, Virgen clemente,
pues presente estubiste en lo presente.

Comiéncese la istoria dolorosa
acompañen mis lágrimas la pluma,
llore mi alma triste, temerosa,
y en suspiros se abrase y se consuma,
sienta mi corazón la rigurosa

pena y dolor en lamentable suma
y mientras sigo tan lloroso estilo
nazca de mis dos ojos otro Nilo.

El Hijo eterno del eterno Padre
el rey del cielo impírio, mar y tierra,
el que nasció de aquella Virgen madre
en quien la celestial virtud se encierra
porque su excelso amor con obras quadre,
porque Satán no haga al mundo guerra
con tres soldados de su compañía
al huerto, triste, con dolor, subía.

Pedro se llama el deellos más anciano
el que más joven Juan y el otro Diego,
con estos tres su poderosa mano
se determina de acometer luego
y aquel príncipe de lo soberano
de amor del hombre derretido en fuego
a solas se halló en el solo huerto
del pecho saca su dolor cubierto.

Y como ya su pena le afligía,
delesta suerte les habla suspirando:
«Triste y aflita está el alma mía
hasta la muerte. Aquí espera orando
e ya apartado de su compañía,
mortales ansias y themor pasando
con un mortal dolor sangriento y frío
al Padre eterno dize: «Padre mío,

Si es posible, Señor, pase de mí
aqueste triste cáliz de amargura,
y no como yo quiero, pero en mí

tu voluntad se cumpla eterna y pura».
Con lágrimas pedía fuese ansí
y con sudor de sangre que la dura
tierra ablandava, que de amor se abría
y las ardientes gotas rescevía.

Lebántase Jesús y ba mirando
sus apóstoles todos ya dormiendo
y dixo a Pedro: «¿Cómo que belando
no pudiste una ora estar pudiendo?
Belad y orad, guardaos no bais entrando
en tentación, pues entendéis y entiendo
que está pronto el espíritu aparejado
pero la carne enferma abes cuidado».

Con esto buelto a orar muy angustioso
gotas de rosa sangre derramava
por aquel rostro tímido y ansioso,
que de sudor divino destilava,
y dixo: «Padre mío poderoso,
si este cáliz, sino es que deé gustava,
pasar de mí no puede, qual desea
tu voluntad en mí cumplida sea».

¡Quién biera, ay Dios, temblar de belle el cielo,
los ángeles muy tnstes lamentando!
¡quién biera en aquel güerto y berde suelo
las tiernas yerbezillas tremolando,
los árboles mostrando pena y duelo!
con el son de las ojas están dando
un temeroso espanto dolorido
al pájaro que en ellas haze el nido.

La tierra está vesando las rodillas

y algunas vezes la dibina cara,
y indigna de vesar tales mexillas
huye y de lo tocar se muestra abara;
también las pequeñuelas yerbezillas
biendo tocarse de la efigie clara
resciven humilladas la faz pura
bolbiendo en seda su aspereza dura

Después de aber el buen Jesús orado
la vista en sus apóstoles rebuelbe,
belos estar en sueño sosegado
y sin hablar tercera vez rebuelbe.
E ya después que al Padre a suplicado
lo que en la oración dicha se resuelbe
un ángel del impíreo cielo abaxa,
que consolarle en su dolor trabaja.

El mensajero alado como llega,
de rodillas temblando se le pone,
a darle biene la espantosa nueba
y lo que el Padre a Jesús le dispone.
Que humano entendimiento no remueba
nuebo dolor y con amor propone
de temer a su Dios si está mirando
ángeles, cielo, tierra y mar temblando.

El ángel, pues, con dolorido acento
le dize: «O gran señor de tierra y cielo,
azotes y corona represento,
clavos y cruz, dolor, tormento y duelo
esta esponja, y la lanza que el sangriento
costado pasará por el consuelo
de la generación que tú heziste,
por cuyo amor al suelo descendiste».

¿Quién no tiembla, pues be temer ansina
la muerte a aquel que es bida soberana?
No teme, no, la parte que es dibina,
padesce este themor la que es humana.
Ay, alma mía, ¿quién te descamina
de conoscer tu libiandad profana,
Teme la muerte, su terror te asombre,
pues Dios teme la muerte en quanto a ombre.

Cumplida la embajada el mensajero
con prestas alas por el aire hendiendo
desaparece, y queda allí el cordero.
Un poco consolado, aunque gimiendo,
buelbe a su compañía lastimero
y belos otra bez estar durmiendo
puesto en descuido lo que dicho abía,
y a todos en común ansí dezía:

«Dormid y descansad, que ya la ora
se acerca, do será el Hijo del hombre.
entregado en la mano pecadora
con más injusto que debido nombre.
Sue, bamos, lebantaos, beréis agora
el que me a de entregar y no os asombre
lo que beréis, tened mayor cordura,
que de cumplirse tiene la escritura.

Aquesto dicho, beisle, aquí benía
Judas, que el uno de los doze hera,
con grande turba multa en compañía
de aquella jente farisaica y fiera.
Su espada y lanza cada qual traía
como si contra hejército biniera

de los sacerdotales principados
y de los más ancianos imbiados.

La canalla sathánica y maldicta
con orgullo y furor ablando vienen,
a beces aguijando mueben, gritan,
otras callando un rato se detienen,
Al falso Judas cada qual incita
y al benidero asalto se prebienen,
y aunque ban a prender tan solo un hombre,
no ay hombre que de miedo no se asombre.

Ya descubren las luzes encubiertas,
ya llegan donde el Rei dibino aguarda,
ya acechan por las tapias y las puertas
y su deseo injusto se les tarda,
ya dexan las espadas descubiertas,
la maza, pica, lanza y alabarda.
¡Quién be tanto traidor puesto y armado
para un justo que aguarda desarmado!

Muertos ya por entrar mueben ruido
qual en la guerra el enemigo suele,
quando sale de donde está escondido
que el uno al otro se rempuja e impele.
Ansí el bando plutónico a corrido
y unos a otros dizen: ¡ele, ele!»
Judas con un espíritu diabólico
sosiega el bando pérfido colérico.

Las nocturnas linternas ya llegaban,
las lanzas cerca ya resplandezían,
con la luz clara que las luzes daban
acicaladas armas reluzían,

por la enramada puerta al huerto entraban
con grande vozerío que traían.
Jesús deeesta manera les dezía,
como lo benidero ya sabía.

«¿A quién buscáis?» Y todos respondieron:
«A Jesús nazareno, el rei del cielo».
dixo: «Yo soi». Y oyéndolo cayeron
todos como benían en el suelo.
Otra vez dixo «¿A quién buscáis?»; dixeron:
«A Jesús». Luego él con sancto celo,
mirando su querida compañía
este razonamiento respondía:
«Ya hos dixe por dos vezes que yo hera.
Si a mí buscáis, dexad ir a esta jente»,
para que la escriptura se cumpliera,
que dize y al propósito se siente:
«No consentí que alguno se perdiera
de los que tú me diste». Y al presente
hizo el traidor la seña concertada
vesando aquella faz diba sagrada.

«Ave ravi» le dixo el traidor mozo.
Jesús le dixo: «Amigo, ¿a qué beniste?»
Luego con grande estruendo y alborozo
acometieron a quien no resiste;
préndenle con ruido, grita y gozo,
mas Pedro, queesto bio con uno embiste
llamado Malcho, que de aquestos hera
y a cercén se llebó la oreja entera.

Jesús le dixo: «Pedro, en el momento
embaina tu cuchillo, ¿por ventura
quieres con tan audaze pensamiento

que no beba este cáliz de amargura?
Cualquiera que con hierro da tormento
con hierro le darán la muerte dura».
La oreja pegó a Malcho y esto haziendo
a Pedro bolbió y dixo prosiguiendo:

«¿Piensas acaso, Pedro acelerado,
que rogar a mi Padre no podría,
el qual de su celeste e imperio estado
dos mill y más legiones me embiaría?
Mas como lo queestá profetizado
si así no fuese, di, ¿se cumpliría?
A Pedro dexa y a la jente fiera
serenamente abló deesta manera.

«Qual a ladrón abéis a mí salido,
cada cual de bosotros muy armado,
mas ¿cómo no me abéis, dezí, prendido,
pues con vosotros en el templo he estado?
Echo es aquesto porque se ha cumplido
lo que muy muchos an profetizado».
Los discípulos tímidos, que oyeron,
desamparando a su señor huyeron.

El combento sacrílego y maldito
lo lleba aprisa con airado estruendo,
qual ban abofeteando al infinito,
qual la dibina faz le ban escupiendo,
qual del sacro cavello tan bendicto
le ba tirando y de la varba asiendo,
qual le da con el cabo de la lanza
y ¡cómo rabia aquel que no le alcanza!.

¿Qué cabello tal siente y no se heriza,
qué corazón tal siente y no se ablanda,
qué alma tal siente y no se atemoriza,
de ver su Dios y su señor quál anda?
¿Quién con dolor eterno no eterniza
la memoria de ver la hermosa y blanda
carne dibina con dureza tanta
llebar con una soga a la garganta?

¡Ay, Señor de mi alma, quién pudiera
los puntapiés y cozes que os ban dando
rescivillos, ¡Jesús, cómo lo hiziera!,
de los que os ban, Señor, atormentando!
¡O mano cruel, o furia carnizera!
O pueblo iniquo, pérfido, nefando,
O dibina bondad, o virtud sancta,
que al cielo atemoriza, al suelo espanta!

Contempla, o alma triste, entristezida
este misterio y mira de qué suerte
ba el buen Jesús por darte eterna bida
padesciendo como hombre infausta muerte.
Mira la suma potestad venida
a sujetarse a género tan fuerte
de contumelias y de afrentas duras
de tan biles y soezes criaturas.

Alma, dile entre ti «mi Dios, rei mío,
¿qué os muebe a padescer mal tan estraño,
qué obrashos hizo el hombre fiero, impío,
que por su bien tomáis un mal tamaño?
Contempla su dolor y haziendo un río
tus ojos dos publiquen tanto daño.

y si acaso en ti ya tal pena bibe,
al segundo misterio te apercibe.

Fin del Primer misterio.

Segundo misterio

Salga del ronco y encendido pecho
al canto triste, miserable, amargo,
que de mi duro corazón desecho
en mísero lamento y llanto largo
y para caminar tan duro trecho
y rescibir en hombros tanto cargo
deme favor aquel cuyo tormento
canta mi pluma en doloroso acento.

O mi sacerdotisa y mi Sibila
de aquel pecho dibino y sacro oráculo
mi entendimiento guía, ingenio afila,
dame para pasar tu fideo báculo,
y al corazón, que lágrimas destila,
ebítale cualquiera humano obstáculo
y dame del secreto que alcanzabas
quando, durmiendo, el pecho esquadriñabas.

Ya el rei de bida en la coluna atado
está esperando que las manos crudas
con fieros golpes y furor doblado
rompan las almas carnes ya desnudas.
Ya de su ropa Cristo despojado
espera que las puntas más agudas
ofendan aquel cuerpo soberano
de la crueldad de la judaica mano.

¡Ay, quién le be desnudo al que ha bestido
el mundo todo con su mano eterna!
¡Ay, quién le be esperando a un poste asido
con un cordel el brazo y mano tierna!
¡Que el hombre que crió tan atrebido,

instigado de Alecto, furia inferna,
ponga las manos en su cuerpo sacro
tocando aquel dibino simulacro!

Ya los verdugos y nefanda jente
las bergas lían, atan y aparejan,
ya ablan entre sí tácitamente
y de dalle muy recio se aconsejan,
ya su deseo por vengarse ardiente
en cumplimiento de las obras dejan,
ya buscan vergas, juncos y cordeles,
por componer azotes más crueles.

Ya las cuerdas con rezio ñudo añudan
y deellas con el pie y la mano tiran
ya del bano trabajo todos sudan
y al buen Jesús que está callando miran
apenas ben la bía quando acudan
y menos hazen mientras más estiran
porque el deseo i priesa les hazía
su presta boluntad luenga y tardía.

¡Ay, que me tiemblan ya las carnes mías
de ber alzar las manos despiadadas
de aquellas enemigas compañías
en crueldad horrible exercitadas!
Entrañas duras como piedra frías,
¿que hos hizieron las carnes deificadas?
que ansí con tal fiereza duramente
un cuerpo maltratáis tan innocente?

Pezina horrenda del Cozito inmundo,
canalla triste, bárbara y esquiba,
acelerada jente que en el mundo

sin luz bibís y de ella el cielo os priba,
mirad esa humildad y amor profundo
abrid los ojos biendo la luz biba
del que con una mínima centella
la tierra abrasara y quanto ay en ella.

¡O coluna dichosa que en ti atado
tienes al rei de la celeste esfera!;
Con ser tu corazón mármol labrado
paresce que te ablandas como cera,
pues si una piedra dura se a ablandado
deber al buen Jesús deesta manera,
más es que piedra el corazón del hombre,
pues de demonio cruel rescive nombre.

¡Ay, alma triste, que el dolor te espanta
llora cuitada con eterno llanto,
mira tu Dios del quello hasta la planta
lleno de heridas penetrantes tanto,
mira los cardenales que lebanta
un azote cruel de hórrido espanto
mira de roja sangre el largo rastro
que thiñe el cuerpo hermoso de alabastro.

De las heridas que en su cuerpo encierra
mira el arroyo manantial que corre
y que, aunque es rei del cielo y de la tierra,
ni el cielo ni la tierra le socorre;
mira quál los dibinos ojos cierra
porque la furia e inchazón se borre
de los que sin paciencia padecemos.
los trabajos pequeños que thenemos.

Tanta humildad, cordero manso y tierno,

tanta humildad, señor del cielo astrífero,
tanto sufrir, mi Redemptor superno,
por dar al hombre medio salutífero,
alabenos los cielos, tierra, infierno,
que con dolor tan áspero y mortífero
queréis oy redimir a la criatura,
pudiendo no pasar pena tan dura.

¡Ay, crueles manos, manos despiadadas,
pechos ferozes, pérfida biolencia!
¿qué os muebe a mostraros tan airadas
osando ansí ofender la omnipotencia?
Seráficas legiones ensalzadas,
¿cómo no hazéis alguna resistencia?
Tierra, ¿cómo tus hijos no arrebatas,
pues que con ellos tu hazedor maltratas?

O dura tierra, ¿cómo no los tragas?
O tierra dura, ¿cómo no los hundes?
¿No bes las crudas y cresadas llagas?
por-qué, enemiga cruel, no los confundes,
antes creo te huelgas y repagas
del gran contento que en tu centro infundes
biendo qual sobre ti tienes elada
la soberana sangre derramada.

O alma mía como piedra dura
quebrántete tan grave sentimiento,
gime y llora tu amarga desbentura
por quien le dan a Dios tan cruel tormento.
Haz, alma, sendas fuentes de agua pura
aquesos ojos y ese pensamiento
poned en Dios, diziendo «O padre mío,
¿cómo consiente tal tu poderío?»

¿Cómo que las criaturas que criaste
y de un poco de lodo los heziste
consienta tu bondad que sin contraste
le den a puros golpes muerte triste?
Bien pudieras, Señor, sin que se gaste
tanta preciosa sangre que bertiste,
el mundo redimir, pero has querido
dar muestra del amor que le has thenido.

En la coluna estáis, Jesús, callando
y sufriendo dolor por la criatura,
por la criatura que os está azotando
con una crueldad tan impía y dura.
Él la muerte cruel os está dando
y bos sufriendo dais bida segura,
y para el grande amor que le thenéis
os paresce quees poco lo que hazéis.

¿Qué humano puede aver tan duro y fiero
que biéndoos, mi Señor, deesta manera
no aflixa, ablande el corazón de azero
y el alma triste a que por bos se muera?
¿Quién no tiembla, Dios mío vedadero,
biendo queestá temblando la alta esfera
de veros, mi Jesús, a un poste atado
y al pecador embuelto en su pecado?

Contempla, o alma mía, al rei sagrado
qual baxa por la ropa mansa mente
después que cruda mente fue azotado,
y el dolor que en bestilla pasa y siente;
aquel cuerpo contempla lastimado
de la perbersa y más que iniqua jente,

siente su pena y tenla en la memoria
porque sientas el gozo de su gloria.

Fin del segundo misterio

Buelba mi pluma al misterioso canto

Buelba mi pluma al misterioso canto
baya adelante el doloroso estilo
no cese un punto al lamentable llanto
ni el licor tan amargo que distilo;
ya me desmaya el amarillo espanto,
ya cesa de las lágrimas el hilo,
ya muere con pesar el canto amargo
que mi turbada pluma toma a cargo.

O tú, que con tu ayuda me levantas
y sublimas el flaco entendimiento
para que cante las angustias santas
del azedor del alto firmamento,
concédeme tus manos sacrosanctas
para que en el furor de tal tormento
no quede el alma flaca desmayada
llebada al dulce fin de la jornada.

Tercero misterio

Ya la canalla vil, bárbara, horrenda,
de cansada y molida está sentada
para bolber de nuebo a la contienda
con nuebo aliento y bida descansada.
¡Ay, rei del cielo, no ay quien os defienda!,
todo el mundo os ofende a mano armada,
siendo bos la defensa que en la tierra
al enemigo sathanás destierra.

Ya los mostruos plutónicos tomando
una corona de espinoso espino
la caveza le están atormentando
con gruesos palos de nogal y pino
y las dibinas sienes penetrando
del cordero mansísimo dibino
están con un furor cruel horrendo
de su bondad dibina escarnesciendo.

No adorna la corona algún carbunco,
amatista, jacinto o esmeralda
porque buscaron el marino junco
e marítimas islas por la falda
y en los riscos de un áspero espelunco
buscaron zarzas para la guirnalda;
éstas ponen y puntas penetrantes
en lugar de caffí, rubí, diamantes.

¡Ay, qué es posible, ay Dios, que al rei eterno
de cielo y tierra tal corona pongan,
aquel celebro delicado y tierno
de zarzas espinosas le compongan
y con orgullo y con furor inferno

a tal atrebimiento se dispongan!
¡Ay rei y Señor mío, ay rei sagrado,
de inmérita corona coronado!

¡Ay, Señor, que corona es esta amarga,
amarga y triste y rígida corona,
corona cruel que con angustia larga
buestra cabeza dibinal corona!
Muy pesada es, Señor, la dura carga
que sufre vuestra húnica persona
por el ingrato pecador maligno
que tanto daña cuerpo tan dibino.

Mill palabras de injuria le dezían,
mill bofetones y puñadas daban,
la inmaculada cara le escupían
y con mano cruel desfiguraban,
de su humildad dibina escarnecían;
e ya que los crueles se cansaban
bisten aquel quees vida dulce y única
una purpúrea besten como túnica.

Pónenle luego en las atadas manos
una caña por cetro real y insigne
y con los fieros jestos inhumanos
para que el pueblo contra él se indigne
a bozes ban diziendo los tiranos
por que mejor su intento se encamine:
«Sálbate, Dios, o rei de los judíos»,
martirizando aquellos miembros píos.

Después de maltratado Jesucristo,
Pilatos le sacó con la corona,
dize «Beis aquí el hombre», y siendo visto

por cada qual la voz en alto entona,
diziéndole: «Si quieres ser vienquisto
y que biba quieta su persona,
Crucifícalo luego, crucifícalo
y a descarnada muerte sacntifícalo».

Pilatos, que maneras mill vuscaba
como librarle, díxoles: «Tomaldo,
y pues lo deseáis con fuerza braba,
al punto en una cruz crucificaldo.»

El pueblo, que su muerte deseava
al punto que oyó dezir «llevaldo,»
le dizen cada qual «de nos lei tiene,
y lei que en sí verdad y virtud tiene.

Según ella meresce aqueste hombre
la muerte que pedimos, y es muy justo,
porque de fijo de Dios usurpó el nombre
y no la dando, juzgas como injusto».
Pilatos, queesto oyó de tal renombre
temblando le quedó el pecho robusto,
y entróse por saver en qué consiste
en el pretorio temeroso y triste.

Qual el que en alta mar corre tormenta
y es de los quatro vientos combatido
y no save a qué parte tenga quenta
en barios pensamientos sumergido,
ansí Pilatos triste se presenta
de mill varios temores compelido,
tan pensatibo que su pena dura
certidumbre ninguna le asegura.

Al fin por ver si deél saver podría
alguna cosa, dize: «¿Qué heziste,
amigo, de dónde eres? Por qué bía,
por qué manera y modo a mí beniste?»
Jesús palabra no le respondía.
De que se siente el presidente triste
y concibiendo en sí un coraxe fuerte,
con jatancia le dixo deesta suerte:

«¿No saves que yo tengo potestad
para, si quiero yo, darte la muerte,
y para darte dulce libertad,
alegre bida y benturosa suerte?»
A lo qual la dibina Magestad
responde umilde a su soberbia fuerte:
«Tu potestad sobre la mía es nada,
si no te fuese de lo alto dada».

«Mas, iay de aquel que a ti me truxo, digo
queeste sin falta tiene más pecado,
aqueste llebará justo castigo
pagando bien el daño que a causado».
Con tal respuesta el pérfido enemigo
quedó tan temeroso y tan turbado
que en mill modos procura por libralle,
pero el pueblo no quiere lugar dalle.

Dizenle: «Si a éste libras tú, sin falta
de César enemigo serás grande,
acaba ya con él, di qué te falta,
hazlo porque no más en el pueblo ande,
no quieras por tu loca inchazón alta
que éste con su doctrina se desmande».
Poncio, que oyó su furia y grita fiera,

al Redemptor al punto sacó fuera.

En su potente tribunal sentado
informarse quería y procuraba,
que el themeroso pecho lastimado
mill nuebos pensamientos sospechava.
¡O bano pueblo, iniquo, o juez malbado,
o furia endemoniada, ardiente y brava,
o moradores del infernal lago,
qual se os ordena temerario estrago!

Ya la mitad de la celeste esfera
el délfico señor corrido abía
y por su fuerza penetrante y fiera
la seca tierra como fuego ardía,
quando Pilato que en qualquier manera
al redemptor la bida defendía,
poniéndose en mitad de aquella grey
«Bes aquí, dize, amigos, vuestro rei».

Ellos clamando con horrible estruendo,
diziendo están «no, no le beamos,
quítale, dizen, con tumulto horrendo,
clávale en una cruz qual deseamos;
su muerte todos te estarán pidiendo,
si no permites que bengados seamos».
El presidente que lo tal oía
deesta manera al pueblo respondía:

«¡A vuestro rei queréis, o jente loca,
quite la vida y dé afrentosa muerte!»
Luego la iniqua jente con no poca
soberbia y furia dize deesta suerte:
«Nuestro imperio y corona a César toca,

no conoscemos otro rei más fuerte,
aqueste imbicto príncipe tenemos
y como a excelso rey obedescemos,

El presidente, el alboroto viendo
de aquellos fieros mostruos inhumanos
y que no hera posible defendiendo
libralle del furor de los tiranos,
en presencia del pueblo queestá oyendo,
agua tomando, se labó las manos
diziéndoles: «Ansí quedo innoscente
de la sangre del justo quees presente».

«Sobre nosotros, dize el pueblo impío,
y sobre nuestros hijos caiga y benga
la sangre suya», y con feroce brío
defienden su opinión con falsa arenga.
El Presidente, viendo que desbío
no ay que procurar puede ni que tenga,
dióles el fraudalento que pedían
y aquel que justo sin razón hazían.

Y a nuestro Dios y Redemptor vendicto
se lo entregó al iniquo pueblo infando,
el qual con alarido y raudo grito
mill vozes y alboroto lebantando
resciben a Jesús rei infinito,
que darle muerte estaban deseando;
y con furia cruel luego truxeron
la cruz pesada que llebar le hizieron.

¡O jente falsa, jente endemoniada
ministros del trifauce cancerbero,
en la harenosa Libia criada

de algún serpiente venenoso y fiero,
y tigres de la Ircania emponzoñada
¿qué os haze la umildad deese cordero
que tan sin culpa pronunciáis sentencia
sin rectitud, sin horden y conciencia.

¡Ay, alma mía, mira al rei eterno
a muerte como reo sentenciado,
mira su cuerpo delicado y tierno
a golpes temerosos quebrantado,
llora dolor tan áspero y interno,
pues deél a sido causa tu pecado.
Mas ya si tanta lástima as sentido,
para el quarto misterio te concibo.

Fin del Tercero misterio

El alma triste de dolor y pena

El alma triste de dolor y pena,
de suspiros y angustias rodeada,
despida en abundosa y larga bena
el ansí que la tiene lastimada,
ya del gusto del mundo libre, agena,
del todo dibidida y apartada;
sienta de nuevo el triste sentimiento
nueba pena, dolor, nuebo tormento.

Agora es tiempo, dulce norte mío,
que baya tu dibina y sacra estrella
guiando con dibino poderío
y con tu mano poderosa y vella
mi contrastado y tímido nabío,
que en sintiendo que sienta el favor deella
no temerá de aqueste mar las rocas
ni de las peñas las abiertas vocas.

Cuarto misterio

Ya la perbersa jente acelerada
iniqua, infame, pérfida, avatida,
en los dibinos hombros la pesada
cruz tienen puesta al alto rei de bida,
y de la jente y guarda aparejada
que para el caso estava apercibida,
relucen ricos y azerados trajes
con dibersas colores de plumajes.

A puerta avierta salen de palacio
mobiendo un largo y polboroso estruendo;
Jesús no puede ni aun andar despacio
y a puros palos hazenle ir corriendo;
y aquel dibino cuerpo flaco y lacio
con una larga y gruesa soga asiendo
tiran, maltratan, dañan y desuellan,
matan, rempujan, cargan y atropellan.

La romana vandera ba delante,
de sus antiguas letras estampada,
labradas de oro, título arrogante
de los romanos, jente en guerra usada
de armas, corazas, petos, cotas de ante,
multitud ba detrás de jente armada
con picas, lanzas, mazas y alabardas,
plumas azules, verdes, blancas, pardas.

Ba por el aire el grito de la jente
el cielo cubre el polbo en nube espesa,
el tropel de caballos se oye y siente,
quál cruza, quál se ba, quál se atrabiesa,
quál llega y con la lanza de repente

con el robusto brazo y fuerza tiesa
«Aparta, aparta», dize atropellando,
el redemptor dibino derribando.

Como el peso hera grande que llebaba
y con los crudos golpes que sufría
con ella a cada paso arrodillava,
y ellos allí creyeron moriría,
pensaron como el cuerpo tal estava
que ya crucificado no sería,
y ansí buscaban que alguien le ayudase
por que el aliento y bida le durase.

Al cirineo Simón que de la villa
venía en el camino le encontraron
y aunque bien procuraba rehuilla
la cruz pesada a un cabo le cargaron.
El pueblo muebe grande maravilla,
tiembla la tierra biendo lo que usaron,
los del caberno lloran y se espantan,
los padres sanctos en el limbo cantan.

Las dueñas castas que a Jesús seguían,
viendo su gran dolor, terrible y fuerte,
todas juntas lloravan y gemían,
sintiendo en lo más íntimo su muerte.
Jesús quando las bio que ansí plañían
con voz humilde dixo deesta suerte:
«Por mí, hijas amadas, no lloréis,
sí por bos y los hijos que thenéis.

Que un día bendrá y diréis con gran fortuna
vendictas las que estériles bibieron,
los pechos que no dieron leche alguna

y los bientres que nunca concibieron;
montes, caed y sin piedad ninguna
hundidnos en los centros que os subieron,
no veamos la cara desdichados
del que a de perdonar nuesttros pecados.

Que si a mí se me da tan gran tormento,
siendo madero verde, ¿qué será
del seco y triste y sin ningún sustento,
pues tal dolor le dan al que le da?
¿Qué será del balor de baxo intento,
que tantos males oy causado ha?»
Aquí cesó, que los que lo llebaban
para ablar lugar no le dexaban.

La sangre que salía del celebro
cómo la bista soberana cubre,
cómo oscureze ya de color negro
el ancha bía y el camino encubre
y aquel pueblo dezía: «Yo me alegro
de ber cómo su muerte se descubre».
El redemptor dibino pidió un paño
para limpiarse aquel dolor estraño.

Una vendicta dueña, que mobida
de gran piedad oyó lo que pedía,
dióle su toca propia al rei de bida,
que otra cosa presente no tenía;
quedó la diba faz allí esculpida
con el sudor y sangre que corría,
tan biba y natural que pone espanto
y a quien la bía muebe a tierno llanto.

¡O faz dibina, o frente penetrada,

o berdes, claros ojos, dulces, vellos,
cuya luz es del Sol tan embidiada
que, si alguna luz tiene, sale deellos!
¡O boca en sangre por mi mal bañada,
ay arrancada varba, ay los cabellos,
ay mi Jesús, quál bais, Señor herido,
de polbo y sangre y de sudor theñido!

¡Ay, cómo siento yo veros ansina,
ay qual pesan, Señor, los mis pecados,
que os traen esa espalda tan dibina
y aquesos sacros hombros quebrantados!
¡O paciencia veactifica, benigna,
padezca parte yo deesos cuidados,
sienta yo el ber a mi Jesús querido
de polbo y sangre y de sudor theñido!

¡O rei del cielo, grande fuerza tiene,
el amor, pues te ha hecho tanta guerra
que de tu silla y potestad solenne
tan abatido te abajó a la tierra!
¿Qué ganancia, qué bien, qué gloria os biene,
que por canalla tan horrenda y perra
vais con esa cruz tan abatido
de polbo y sangre y de sudor theñido?

¡Ay, qual suenan los hórridos pregones,
la trompeta vastarda y ronca trompa,
vastante a entristezer los corazones
y hazer queel alma de dolor se rompa!
Y metido bais entre esos esquadrones
con abatida y desdichada pompa,
coronado, azotado y escupido,
de polbo y sangre y de sudor theñido.

Contempla, o alma, al Hijo poderoso
del rei celeste de la imperea esfera,
contempla este misterio doloroso,
pues ya lo lleban a que por ti muera.
Mira el llagado cuerpo triste, ansioso,
en el poder de tanta jente fiera,
míralo y si te atrebes a oír su muerte,
este misterio que se sigue adbierte.

Fin del quarto misterio

Agora agora vengan con más ánimo

Agora agora vengan con más ánimo,
lágrimas nuebas, nueba pena dura,
agora, corazón tan posilánimo,
llorad de nuebo nueba desbentura;
y aunque no ay duro corazón magnánimo
que tenga en tal dolor fuerza segura,
saca tu agora fuerzas de flaqueza
para bolber de nuebo la tristeza.

Y agora quiero yo que no me dexes,
o tú, que en este trance me as traido,
agora quiero yo que me aconsejes,
agora quiero yo ser socorrido,
agora quiero yo que no te alexes
mas que me llebes de la mano asido,
porque del duro y miserable trange
al benidero gozo aliento alcance.

Quinto misterio

Ya por el triste monte se esparzía
el pueblo que a Jesús acompañaba,
la jente de a caballo ya subía
y el concurso del bulgo desbiaba,
Llegados, pues, con grita y vozería
donde el torpe deseo deseaba,
en alta cruz tendieron en el suelo
para clavar en ella al rei del cielo.

La vestidura pobre que llebaba
con furia de las carnes le quitaron,
y como con la sangre asida estava,
que los azotes crudos se secaron,
con el vigor que cada qual tirava
mill pedazos de carne le arrancaron.
Contempla, alma, dolor tan rezio y fuerte,
más espantoso y fuerte que la muerte.

Luego al Señor sobre la cruz tendieron
y las señales luego señalaron
donde sus sacros brazos estendieron
y donde los dibinos pies llegaron.
Esto hecho, luego lebantarle hizieron
y la cruz señalada barrenaron
y tendiendo otra bez la sacra mano
la clava un sayón duro y inhumano.

Pasados a enclavar la mano sancta
queel dolor de la diestra le faltava,
no llegava, o Señor, que esto me espanta,
adonde el agujero echo estava.
Atáronle una soga y fuerza tanta

pusieron en tirar que ya llegava,
los pechos sacros le descoyuntaron
y las tiernas ternillas le arrancaron.

Clavado ya su cuerpo soberano,
la cruz lebantan y en el pie pusieron;
de los pies tiran con furor tirano
y qual las sacras manos puestos fueron
aqueste fue el dolor más inhumano
de todos quantos daños le hizieron.
Aqui el dibino cuerpo descoyuntan
y quantos huesos ay se descoajuntan.

Y por mayor desonra y más pasiones
que aun hasta el postrer punto le buscaron,
al un lado y al otro dos ladrones
con sogas en dos palos lebantaron,
y con ber las crueles sinrazones
ruega por los que allí le maltrataron:
«Perdona, Padre, a los que me desplacen,
pues no saben ni entienden lo que hazen».

Después sobre la túnica y bestido
algunos suertes por la parte echaron,
porque lo de Davit fuese cumplido
y todo lo que aquí profetizaron.
Contempla, corazón endurezido,
lo queéstos con tu Dios inmenso husaron,
contempla las desonras que sufría,
contempla quán sin culpa padescía.

Ya el runrún por las calles se lebanta,
ya sueña el lloro de mujeres tristes.
San Juan, que bio muy bien la impiedad tanta,

diziendo ba: «O mi Dios, qué tal quisistes»;
corriendo ba a llamar la Virgen sancta
Y dízele: «O Señora, el que paristes
hid a mirar qual ba todo de suerte
que su menor dolor sea la muerte».

«Aguijad, Madre pía desdichada,
si bibo queréis ber el hijo amado,
corred, piadosa madre infortunada
a ver el cuerpo triste lastimado.
Noos turbéis, alma sancta deificada,
cobrad ánimo agora señalado,
sacad fuerzas de aquese pecho sancto
y para más dolor guardad el llanto».

«Aguijad y veréis vuestro cordero
entregado con mansa mansedurmbre
en las manos del lobo carnizero,
que se exercita en dalle pesadumbre».
La aflicta Virgen con el dolor fiero,
viendo que a su hijo, de sus ojos lumbre,
ban a dar muerte, o alma, ¿qué haría
quando la triste y rapta nueba oiría?

Al fin como el dolor lugar le diese
corriendo aprisa fue por berle bibo.
Quando llegó la Virgen do pudiese
besar su hijo en el dolor esquibo,
como la grita y vozería sintiese
y el son de muerte horrenda qual cautibo
rebienta por la boca fácilmente
lo que en el corazón aflicto siente.

«Pobre Jesús, ¿qué muerte es ésta, hijo,

hijo querido mío, qué es aquesto?
¡De veros tal es ese regozijo
que lleba aqueste pueblo a mí molesto!,
cordero manso, ¿qué es aquesto? dixo,
¡En vuestra tierna hedad muerte tan presto!,
¿Cómo, hijo, permitís que sola quede
y buestra compañía se me bede?

¿Qué haré dulce Jesús, regalo mío?,
sin ti quál quedará la madre triste?
¿Cómo tu soberano poderío
impiedad tan horrible consentiste?
Pueblo incapaz de lei, cruel, impío,
¿cómo a tu criador ansí ofendiste?
¡Ay, hijo caro; ay, madre afortunada,
si en mí fuera su pena executada!»

Cierta muger topó por el camino
que la faz a Jesús abía limpiado.
Tal iba que quedó el rostro dibino
tres vezes en el paño dibujado.
A la Virgen la dueña luego bino
y el paño le enseñó en sangre bañado.
La Virgen, que lo bio, con más quebranto
de nuebo muebe un tierno y triste llanto.

Llanto de María

El lienzo vesa con amor materno
mojándole con lágrimas continas,
diziendo: «¿Dónde están, ay Dios eterno,
vuestras faciones tiernas y dibinas?
¡Quál debe de ir, Señor, el cuerpo tierno
de las blasfemas jentes tan indignas,

maltratado y llagado y todo abierto,
pues de sudor de sangre bais cubierto!

¿Dónde está el rosicler vañado en sangre?
No es ésta su color sangrienta y pálida?
¿Cómo consentís, hijo, se desangre
el cuerpo de la roja sangre cálida?
No es bien que consintáis que ansí se sangre;
pues una gota vuestra sola es bálida
para la redempción de todo el orbe,
bien es que alguna parte, hijo, se estorbe».

El delicado labio tan dulcísimo
la porpúrea color de bella rosa
que la mexillas sacras, amantísimo
hijo, cubrían con la gracia hermosa
¿Quién en un color cárdeno tristísimo
mudó vuestra color linda y graciosa?
¿Quál fue la acelerada y presta mano
que os mesó el cabello soberano?

¿Quién eclisó, Jesús, los claros soles
donde tu madre triste se miraba.
No son éstos aquellos arreboles
que quando niño yo, mi Dios, vesava.
El que os quiso mal, hijo, maltratóles,
pues su luz de otra suerte contemplava
quando os parí y quando os llebé al templo
que de aquesta que agora los contemplo.

De Herodes os guardé siendo chiquito,
porque no os diese muerte aquel tirano,
mas ¿qué me aprobechó, rei infinito,
escaparos de aquella cruda mano?

Con presta uída os puse allá en exito
huyendo su furor tan inhumano,
mas agora en peor estáis metido
y todo por aquel que os a ofendido.

Biendo el rastro de sangre que esparzido
iba corriendo por aquel camino,
el alma virgen con dolor crescido,
perdiendo la color al suelo bino.
Buelta del parasismo dolorido,
dize: «Dulce Jesús, de tu dibino
cuerpo es aquesta sangre; ¡ay madre triste,
que tal bes un solo hijo que pariste!»

Al sagrado calbario ya llegada
con la gran compañía que allí lleba,
¿qué haría la madre desdichada
sintiendo aquel dolor y pena nueba?
Morirse ya de pena lastimada
no, que aunque gran dolor de belle prueba
es coluna cercada y fuerte muro,
que Hieremías dixo, muy seguro.

La sacrosancta Virgen que le mira,
mudó el semblante, al rostro delicado
de tal suerte que el pueblo ya se admira
creyendo que hera ya su fin llegado.
Las manos en clabija, el cuerpo estira,
maltrata el bello rostro deificado
y quando ya salió del parasismo
deesta arte ablava con su hijo mismo:

«Hijo querido mío, ¿quees aquesto?
¿Quién en un trance tal os ha traido?

Quién ese bello rostro ansí os a puesto?
Quién en tanta manera os ha ofendido?
Quién de color tan cárdeno y funesto
vuestro rostro mudó, Jesús querido?,
Quién, alma beata, alma inmaculada,
bañó en sangre la cara deificada?

¿No son esos los ojos refulgentes
que yo solía mirar qual madre dina?
Ni aquesos los cavellos excelentes,
ni es aquesa la boca tan dibina?
¿Cómo dexáis, mi Dios, entre estas jentes
una fuerza como esta feminina
huérfana de mi bien y de mi hermano,
de esposo, padre y hijo soberano?

¿El cristalino pecho deificado,
quién de negra color entristezida,
qual no solía estar, os ha mudado
que a mí para mirarle dexó abida?,
¿Quién los brazos, Jesús, a lastimado,
que a mí dexó sin pena merescida?
¡Ay, dicha triste, ay, mísera fortuna!
¿quién apartó dos almas, queera una?

¿Quién enclavó las sacrosantas manos,
quién las beda el poder ansí abrazarme?
Dexadme allá llegar siquiera, hermanos,
para que pueda ber si puede ablarme.
Sufrís, Jesús, sin parte deellos darme.
¿Quién usó crueldad tan importuna?
¿Quién apartó dos almas, queera una?

Jesús, ¿de hermoso quién os hizo feo?

Jesús, ¿de bueno quién os hizo malo?
Jesús, ¿de casto quién os dio ese arreo?
Jesús, ¿de justo quién os puso a un palo?
Jesús, de quieto escarnecido os beo.
Jesús, de bibo muerto ya os señalo
¿Cómo no tubo piedad alguna
quien apartó dos almas que hera una?

Dulce Jesús, regalo dulce mío,
amores rníos, gloria de mi alma,
ya por mis venas siento un mortal frío
que mi penosa bida pone en calma.
Ya de mis ojos se me agota el río;
iay, si gozase victoriosa palma,
que no puedo sufrir tan dura carga
sin ti, por quien mees ya la vida amarga!

Amarga bida bibiré penosa,
penosa bibiré la amarga bida,
desabrida, cruel, triste, enfadosa,
enfadosa, cruel y desabrida,
perdida mi alegría en qualquier cosa,
en qualquier cosa mi alegría perdida.
Llorando aguardaré mi muerte larga
sin ti, por quien mees ya la bida amarga.

Sin ti ninguna gloria será gloria,
sin ti ningún contento mees contento,
sin ti me dará muerte la memoria,
de tan infausto y triste apartamiento,
porque el proceso deesta larga istoria
en mí tendrá presente aquel tormento,
pues mi morir tan por mi mal se alarga
sin ti, por quien mees ya la bida amarga.»

Quando al pie de la cruz se bio llegada,
deesta suerte le abló: «¡Ay, hijo caro,
por bos hera de todos muy amada,
por bos me honrraban, que érades mi amparo;
padesco agora afrentas desonrada,
sin bos, que sois mi bien y mi reparo.
Mirad qual me dexáis biuda pobre,
¿Cómo sin bos queréis que bida cobre?»

Cristo, que oyó la madre que lloraba,
mayor dolor rescive que sentía,
y con boz que a todos lastimaba
a su querida madre ansí dezía:
«Mujer, bes aí tu hijo»; y al queestaba
presente, que san Juan por nombre abía,
besa, y «tu madre» dixo, «y a la hora
la rescive por madre y por señora».

Un pequeñuelo título clavado
Pilatos puso sobre la cruz luego
con unas letras grandes adornado
de ebraico carácter, latino y griego.
«Nazareno Jesús, está estampado,
Rex Iudeorum», de que burla y juego
hizieron los queel título miraron
y deél escarnecieron y mofaron.

Como leyeron «Rei de los judíos»
a Pilatos al punto se quexaron,
el qual les dixo con airados bríos
«Lo que escriví escriví», y luego callaron.
Los que a Jesús miraban con desbíos
con jestos y bisajes de él burlaron

55

diziendo «Si eres rey, de ay deziende
y en salbar a ti ya nos enciende.

Tú dixiste que dentro de tres días
desarías al templo edificado,
y en otros tres lo redificarías;
pues si tanto poder tienes guardado,
¿cómo por remediarte no porfías
pues en un trance tal as oy llegado?
A otros dabas bida y buena suerte
y a ti no te libertas de la muerte».

Él un ladrón de los que allí sabemos
queestaban, dixo: «Si eres Dios vendicto,
sálbate a ti y a nos y creheremos
ser tú el Mesías sancto infinito».
Él otro dixo haziendo mill estremos:
«Calla, si quieres, ya, hombre precito,
queéste padesce por agena culpa
e nos e tú por nuestra y sin disculpa».

Luego de sancto ispíritu mobido
inclina el rostro y dize: «O magestad,
quando seas en tu reino esclarescido,
acuérdate de mí por tu bondad».
«Amigo, el Redemptor le a respondido,
oy en el paraíso de verdad
serás comigo». Luego, el rostro alzando,
dixo al eterno Padre sollozando:

«Heli, Heli, dos vezes, o Dios mío,
¿por qué deeste arte dereliquisti me?»
«A Dios, dixo, llarna», el pueblo impío.
Y luego dixo Cristo: «Grand sed he».

Ellos corrieron con beloze brío
y el que deellos más presto pudo fue
y el binagre truxo que gustase,
para que más su pena se doblase.

«Elías venga, dizen, benga agora
a darte bida alegre y descansada».
Mas biendo el Redemptor que ya la ora
de su propinqua muerte hera llegada,
y biendo que la jente pecadora
del poder de Sathán era librada,
al cielo el rostro alzo «Señor, diziendo,
en tus manos mi espíritu encomiendo».

Muriendo dio la muerte a nuestra muerte,
dio bida y bida eterna a nuestra vida,
murió quanto hombre por matar la muerte,
quanto Dios bibe, que Él es propia bida.
Y aunque murió, murió por dar la muerte
al que pribó la bida a nuestra bida.
Y inclinando su rostro hazia su madre
el espíritu rindió al alto Padre.

Ya muerto el Redemptor, un caballero
alzóse en los estribos muy gallardo
y con la lanza eniesta muy ligero,
no se mostrando en la carrera tardo,
diole por el costado verdadero;
del lazio cuerpo ya difunto y pardo
salió una sangre y agua biba luego
y a los ojos le bino que hera ciego.

Cobró la vista el pérfido atrebido,
de que se espanta el bárbaro tumulto.

Y buelto hazia su casa arrepentido
lloraba el grabe y cometido insulto.
A su Dios soberano a conoscido
y allí conosce aquel misterio oculto
que si del cuerpo cobró bista, el alma
también la cobró allí y meresció palma.

El claro Sol que bio de su alta esfera
muerto a su Redemptor, muestra tal duelo
pena tan triste, dolorosa y fiera,
que de tiniebla cubre el largo suelo.
El centro de la tierra en gran manera
siente el dolor y amargo desconsuelo.
Las abes encerradas en sus nidos
buelben sus cantos sones doloridos.

Ya el suelo estaba de espantosa niebla
todo cubierto, pues el cielo cubre
la alegre cara y todo el horbe aniebla,
como cosa ninguna se le encubre.
Luego el biento acompaña la tiniebla
llebando todo aquello que descubre.
Roripióse el velo que en el templo estava
y el más fuerte y feroz allí temblava.

Los monumentos todos se abrían,
las piedras unas con las otras daban,
muy muchos sanctos muertos resurgían
que sepultados en la villa estaban.
Los montes retemblándose gemían,
las fieras gimen, lloran y bramaban,
tiembla el caberno biendo mal tamaño,
mobiendo un alarido y grito estraño.

La mar inchiendo de furiosas olas
el poder brama y muebe gran tormenta,
los delfines saltando con las colas
sienten este dolor de tanta quenta;
la triste nabe que camina a solas
haziéndola pedazos la tormenta,
gruñen marinos monstruos y las focas,
bramando suenan combatidas rocas.

No le bale a Neptuno muy turbado
sacar de verdes olas coronada
la blanca calva, y con tridente airado
sosegar a la mar con voz cansada,
que quando bido el biento demasiado
y la braba borrasca lebantada,
mirando de las olas el encuentro,
temblando se arroxó en el hondo centro.

Llamando a Forco, Tetis y Nereo,
y al padre Océano con semblante atento
les dixo: «Dioses, ¿qué es esto que beo?
¿No beis de tierra y cielo el sentimiento?
¿Sabes la causa deesto? di, Proteo».
Proteo respondió con ronco acento:
«No sé, señor, jamás se bio tal cosa,
el cielo y tierra y mar tempestuosa».

Séte dezir que eestando apacentando
tus monstruos, tus delfines y tus focas,
sentí que el euro y áfrico bramando,
con el céfiro y boreas no con pocas
fuerzas les bí la tierra y mar llebando,
haziendo mill pedazos nuestras rocas
y llebar por la tierra muy airados

los barbechos, rastrojos y sembrados.

La dura encina y el antiguo roble
derriban por el suelo y rigurosos,
mostrando cada qual su fuerza doble,
destruyen edificios sumtuosos.
Nunca se bio este tienmpo tan inmoble,
pues no estiman tu cetro de furiosos,
nunca se bio por la troyana armada
tal borrasca como esta lebantada.

Llorando están las musas olimpiadas
las marinas Nisea, Drimo y Janto,
Licoris, Climene, las bellas dríadas
con las oreadas mueben fuerte llanto.
Llorando están las nimfas amadríadas,
náyades y napeas con quebranto,
temblando está la mar y el largo suelo
themiendo algún furor del alto cielo».

«Hijos queridos, respondió Neptuno,
gran mal debe de aver, pues tanto suena,
y si el suelo se benga así de alguno,
haga en buena ora su benganza buena,
no salga de bosotros tan solo uno,
asta queesté la mar mansa y serena».
Con esto en lo más hondo se arroxaron
los dioses que a Neptuno acompañaron.

La diosa Telus con su anciana cara
asta las largas tetas echó fuera,
el flaco cuerpo de mirar no para
el monte, el prado, el soto y la ribera,
y los hundidos ojos que espantara

a qualquier hijo suyo que la viera
esparce por el ancho y largo suelo,
bolbiéndolos de en quando en quando al cielo

Saca sus verdes y húmidos cavellos
sus pies y negras manos adornadas
de raízes muy fuertes y be en ellos
sus brotadas ijuelas destrozadas.
Ve en el suelo sus hijos y de bellos
tuerce sus largas manos enramadas
y algando un ceptro que hera un grueso tronco
abló con baja boz y acento ronco.

«¿Qué es esto, quién os muebe a cruda guerra?
Qué nobedad es esta tan estraña?
Quién tiene tal poder que al suelo atierra
las selbas, montes, bosques y montaña?
No soi la reina y diosa de la tierra?
Quién mi imperio destruye asuela y daña?
De mí se guarde, que si yo le encuentro,
abriéndome le haré bajar al centro.»

Ansí dixo y mirando al alto cielo
sintió que aquel furor de allá venia
y con terror y themeroso celo
dio un restrallido y todo estremezía
Retumba el eco por el ancho suelo
y por el mundo todo se estendia,
ella con el bastón abriendo el monte,
hundióse hasta los reinos de Acheronte.

Del espantable golpe el reino fiero
con paboroso estruendo muebe un grito
que el pecho estremezió del rei sebero

y atrás bolbió la estigie y el cozito
con aulladora boz, y el cancerbero
tiene el infierno tímido y aflito,
quebranta las cadenas espantosas
de que dexa las almas temerosas.

Huye la reina del inferno lago,
a los brazos plutónicos se acoje.
Plutón, turbado del horrendo estrago,
la negra sangre al corazón recoxe,
dízele Proserpina: «Lo que hago,
esposo y caro amigo, no te enoje,
queel fiero estruendo de la tierra es tanto
que a penetrado el centro del espanto».

Plutón, mirando la inquietud estraña,
dize: «¿Quién es aqueste que en mi reino
tal alboroto muebe?, ¿quién me daña
dentro de los palacios donde reino?
No soi yo aquel que en la infernal montaña
mi barba y mi cabello estiendo y peino
con paz y quietud mansa y tranquila?,
quien mi gozo perturba y aniquila?»

Aquesto dixo y luego al mundo imbía
sus espantosas idras mensajeras
para saver la nobedad que abía;
las quales llenas de culebras fieras
combocan la enemiga compañía
y las pintadas alas muy ligeras
estienden con horrísono ruido
dexando el fiero bosque ennegrecido.

Alma, contempla aqueste gran tormento,

y si esto siente el mar, infierno y suelo,
con razón harás tú más sentimiento,
pues causa fuiste de tan grave duelo.
Siente su muerte, siente el fin biolento,
para dar a tu bida algún consuelo,
contemplando y llorando harás dos fuentes,
que a sus sagrados pies lleguen corrientes.

Siendo ya tarde como aquesto vieron
dos hombres ricos que a Jesús miraban,
ser el Hijo de Dios con fe creyeron
por las grandes señales que notavan.
Entrambos juntos a Pilatos fueron
y el cuerpo de Jesús le demandaban.
Pilatos se admiró de que hera muerto
y estaba temeroso y muy incierto.

Luego les dio licencia que quitasen
el cuerpo del Señor. Ellos se fueron.
Horden buscaron como lo llebasen
y una sábana blanca allí truxeron.
Y como ya a Jesús desenclabasen
en brazos de la Virgen le pusieron,
la qual el rostro pálido besava
y el cuerpo sacro en lágrimas bañaba.

Contempla, o alma, el grave llanto
que haría la aflicta Virgen dolorosa,
el aire y tierra muebe a su quebranto
mirando tal aquella efigie hermosa.
Contempla los cuchillos que aquel sancto
Simeón le anunció de muerte odiosa
quando en sus brazos meresció en el templo
thener del mundo la virtud y exemplo.

La aflicta Virgen con su rostro junta
el de su hijo, que la efigie clara
de la madre, que en él está trasunta,
tiñe aquella velleza al mundo rara.
La faz del hijo triste e ya defunta
en lágrimas maternas de su cara
está bañada y aunque está callando
aquesto con el alma le está ablando:

«O lumbre eterna, o lumbre esclarescida,
o hermosura clarífica afeada,
¿Quién fue de tanto mal crudo omicida?
¿Quién os dio aquesta muerte acelerada
O gran bondad, inmensa y sin medida,
o umildad soberana despreciada?
Dijísteme, ángel, ser de gracia llena,
besme aquí llena de dolor y pena.

O hijo mío, ¿qué tormento es éste
que para tiempo tal se me guardava?
¿Qué consuelo e de allar en lo terrestre
que preste alibio a mi congoja braba?
Consuele mi alma tu poder celeste
qual algún día, ay Dios, me consolava.
¡Ay, qué dulces consuelos rescevía,
ay, dulces prendas, quando Dios quería.

¡O prendas que algún día fuistes prenda
de aquella alma dibina que encerrastes,
por quien mi alma y corazón se prenda,
que con eterna prenda los prendastes!
Agora es bien, o prendas, que yo aprenda;
otro tiempo es de aquel que me enseñastes

quando libre bibía descuidado
y me hera amigo mi infelice hado.

Mi desbentura y llanto bino a tiempo
que yo gozava quietud tranquila,
paz, gloria, honor, descanso, pasatiempo,
aunque esta ora adibinéla y bila.
Corren las oras y el ligero tiempo,
la gloria se acaba, todo se aniquila.
O prendas, pues os bais con mi alegría,
tomad aquesta mísera alma mía.

Vase la bida, biénese la muerte,
el bien fenesce, el mal jamás se acaba,
no tira a nadie el arco que no acierte,
duras son las saetas de su aljava,
o cielos, o fortuna, o parca, o suerte,
executad en mí la fuerza braba,
embiadme presto a ber a mi hijo amado
y dad fin dulce a mi mortal cuidado.

Contempla, pues, agora, piedra dura,
el dolor de la Virgen dolorosa
mírala cierta de su desbentura;
mira la tierna faz triste y llorosa,
dexa ya de seguir vana locura,
que corre nuestra bida presurosa
y callándose biene sosegada
la repentina muerte acelerada.

Contempla el llanto que san Juan haría
viendo al querido primo lastimado.
«O mi querido primo, le dezía,
¿quién tan horrible muerte os a causado?

Ayer estuve, o claro Sol del día,
en aquese regazo recostado,
que agora con gran ansia y gran tristura
beo llagado por mi desbentura.

Ay, dulce primo, si este sentimiento
quiere thener en pie mi amarga bida
no es porque yo de beras no lo siento
mas porque no es tu boluntad cumplida.
Tu cruda muerte y áspero tormento
del cuerpo tiene mi alma dibidida.
De nuebo sentir quiero tus cuidados,
llorad sin descansar, ojos cansados».

Cansados ojos que miráis los ojos
que os daban luz de resplandor dibino;
ojos que beis los míseros despojos
de vuestro dulce capitán benigno,
sentid con nuebas ansias sus enojos
y este dolor que durará continuo;
jamas ceséis hasta que estéis cerrados.
Llorad sin descansar, ojos cansados.

Mientras que dentro del corpóreo velo
mi triste alma bibiere aposentada,
y hasta que el cuerpo dé la deuda al suelo
y buelba en tierra lo que es tierra y nada,
y hasta que sea boluntad del cielo
que acabe aquesta vida desdichada,
en dos corrientes ríos transformados,
llorad sin descansar, ojos cansados.

«Maestro mío y el que más estimo,
no biba yo tan sola una ora,

el corazón con fiero llanto oprimo,
que desfallesca y muera luego a la ora.
Mi Redemptor, mi Dios, mi dulce primo
¿qué hará sin bos el alma que os adora?
Qué hará sino llorar mis tristes hados?
Llorad sin descansar, ojos cansados».

Contempla el llanto de las tres Marías,
que al de la Virgen sacra acompañaba,
y lo que tú, o Magdalena, arías
viendo a tu Dios querido qual estaba.
¿Qué arías de tus ojos, qué dirías?
No tanto quanto el corazón pasava,
pues desecha en suspiros y tormento
dirías con amargo sentimiento:

«Maestro caro, bien del alma mía,
vesaros quiero aquesos pies dibinos
y con dolor y pena noche y día
llorando acabaré mis desatinos.
Lánguidos ojos míos, boca fría,
miembros de tanto mal y daño indignos,
en llanto iré los míos deshaziendo,
salid sin duelo, lágrimas, corriendo.

Corred aprisa, lágrimas hardientes,
abrasad las mexillas desdichadas;
impriman sendos surcos las corrientes
por donde baxen con furor lanzadas,
sean mis ojos desde oy más dos fuentes
no del estío secas ni agotadas
y para comenzar lo que prentendo,
salid sin duelo, lágrimas, corriendo.

Quán diferentes vi los pies sagrados,
quando en aquel combite de mi bida
fueron con bibas lágrimas bañados
de aquesta triste y mísera aflixida.
Luego con mis cabellos enjugados
de mi pasada bida arrepentida.
¡Ay, quales los estoy agora viendo!
Salid sin duelo, lágrimas, corriendo.

Allí vi vuestro rostro delicado,
vuestra hemosura celestial sagrada
quedó mi corazón de bos prendado
quedó el alma de bos enamorada
¡y cómo agora os beo maltratado!
La dulce boca cárdena y morada
estoime entre mí misma consumiendo.
Salid sin duelo, lágrimas, corriendo».

La Virgen, pues, qué haría en tanto aprieto
no se puede dezir, porque fue tanto
que del dolor más íntimo y secreto
daba muestras el largo y tierno llanto.
Allí clamor sanctísimo y perfecto
mostrava muy de veras su quebranto,
pues lágrimas corriendo hilo a hilo
sobre el regazo fundan otro Nilo.

De los cansados brazos le quitaron
y en un labrado y nuevo monumento
el soberano cuerpo sepultaron,
mobiendo todo el mundo a sentimiento.
Aquí las penas todas acabaron
de nuestro Dios, aquí acabó el tormento,
quedó el género humano libertado

del fiero capitán encadenado.

Resurrección de Cristo

Fenezca agora ya el amargo llanto,
cese la pena, angustia y agonía,
no corran tristes lágrimas en tanto,
y si corrieren corran de alegría,
comiéncese el glorioso y dulce canto
del fausto, alegre y benturoso día,
suenen en las dibinas gerarquías
flautas, dulzainas, arpas, chirimías.

Y tú que me sacaste a felix puerto
de la tormenta deeste mar airado,
adonde el escapar me fuera incierto,
si no me ubiera tu favor librado,
para que cante yo gozo tan cierto
de nuebo aliento sea yo inspirado:
que tu ayuda pretendo, quiero, elijo,
qual quise en la tristeza, en regozijo.

Ya el alma deificada, sacrosancta
de aquel inmenso rei del cielo eterno
con nueba luz que al centro obscuro espanta
bajava a las cabernas del infierno,
quando mirando la potencia tanta
del azedor supremo sempiterno
los crueles espíritus de males
cesaron los tormentos infernales.

La fiera Alecto, llena de culebras,
paró el tormento de su suerte fiera
paró la estigie de sus aguas negras,

el raudo son horrible por manera
por las infinas venas haze quiebras,
huyendo aquella luz de que se altera,
desampara la varca el viejo horrible
el rostro asconde de la luz bisible.

Las tres gargantas gruñen reziamente,
resuena el son de grillos estrupendo
el ediondo cocito la corriente
atrás bolbió del resplandor huyendo.
Las hijas de la noche tristemente
pararon e Yxión paró atendiendo,
el águila paró aquel exercicio
que da tormento al miserable tricio.

Rugen las furias Tesifón, Mexera,
por los cerrados bosques dan bramidos
los serafines malos que la fiera
arrogancia los hizo destruidos,
cada qual brama, tiembla, huye, altera
y dicen con rabiosos alaridos
«¿Quién es éste que biene poderoso?
jamás bino aquí hombre tan furioso».

Juez paresce, no deudor culpado,
él biene a pelear y no a penar;
si escuridad traxera de pecado,
no osara con tal luz y osadía entrar;
Si es hombre ¿cómo tan audaz a entrado?
Si es Dios ¿qué tiene aquí en este lugar?
¿Qué haze en el sepulchro el Dios eterno?,
qué tenga agora que ber en nuestro infierno?

Llegando al triste muro muy triumfante

dixo «Aperite portas». Esto oído,
responde la canalla en voz sonante:
«¿Quién eres tú que ansí tan atrebido
nuestros intactos muros de diamante
tocaste y la tiniebla as corrompido
con resplandor que a nuestra vista atapa
y el centro más obscuro desatapa?

A la tercera vez que aquesto dixo
las puertas del caberno dan en tierra,
entró la luz con grande regozijo
y la escuridad triste a loondo encierra,
Cada espíritu busca su escondixo
mobiendo entre sí mismos cruda guerra,
dan tristes alaridos espantosos
por los bosques obscuros tenebrosos.

«O cruz, dezían, que nos has burlado,
nosotros nuestro mal mismo rodearnos».
El fiero rei horrendo dize airado:
«Espíritus sequazes ¿qué esperamos?
perdido es nuestro reino y nuestro estado,
nosotros nuestro limbo despojamos;
ya no ay más que temer, todo es perdido,
ya queda el mundo triste redimido».

Los patriarchas sanctos, que esperando
estaban su dibino adbenimiento,
postráronse a sus pies todos llorando
lágrimas que nascieron del contento,
Los dos padres primeros alegrando
la compañía con alegre acento
le dicen: «O Señor, y quántos días
a que os esperan estas compañías.

Venido avéis, veatífica esperanza,
a remediar la culpa y el pecado.
Oy gozamos la bien aventuranza
que tantos años emos esperado.
Las penas de tan áspera mudanza,
que mereszemos por aver herrado
sufrir os hizo, amor, con su grandeza
y siendo de tan áspera aspereza».

Allí los patriarchas humillándose
con inefable gloria y reberencia
mill cosas le dezían alegrándose
de verse ya delante su presencia.
En ella están los viejos transportándose,
llorando lo que hizo su dolencia.
Jesús aquellas lágrimas limpiando
mill consuelos dibinos está dando.

Allí el sancto vaptista se alegrava
y el biejo Simeón, que estava ufano,
dezía el biejo, que a su Dios mirava:
«Gloria te cante el cielo soberano.»
Por quán bien empleados Cristo dava
los trabajos, que no eran nada en bano,
biendo el fruto que deellos ya salía
y el gozo grande de su compañía.

Las calbas sacan todos laureadas
de verde lauro y arrayán florido,
las pías sienes todas coronadas
en loor del vencimiento esclarescido.
Ya pasava las límites bedadas
el esquadrón, que en torno ba esparzido

cantando sacros innos soberanos,
asidos todos de las sanctas manos.

¡O almas veatas, sacrosanctas, vellas,
o almas libres de la pena estraña,
o almas quán sin miedo de themellas
vais tras el Criador, que os acompaña!
¡O almas refulgentes más que estrellas,
ninguna pena de otra pena os daña!
Id, almas pías de inmortal memoria,
a gozar ya la deseada gloria.

Mirando el esquadrón tan hermosísimo
de hermosos viejos todos coronados,
llora el caberno triste en son tristísimo
biendo cantar los biejos venerados.
El estrupendo son espantosísimo
retumba por los montes y collados,
gime Luzbel su pena encarescida,
renobando de nuebo su caída.

Lloran aquellos que con él cayeron
mirando que ban ya a ser ocupadas
aquellas altas sillas que perdieron.
Sienten de nuebo penas ya pasadas,
pagan el arrogancia que tubieron
y con penas crueles y dobladas
quedan llorando en el profundo infierno
y las almas cantando en cielo eterno.

Llegada ya la ora y sancto punto
que Jesucristo avía determinado,
el alma sancta entró en aquel difunto
cuerpo, que en el sepulchro abía quedado,

estando el cuerpo con el alma junto.
No puede de mi pluma ser contado
quán hermoso quedó y resplandesciente
y más que el mismo Febo refulgente.

Qual blanca rosa que la noche fría
marchita dexa y luego a la mañana,
salido el Sol, con el calor del día
la buelbe más hermosa y más lozana,
ansina el sacro cuerpo quedaría
con el Sol de su alma soberana
en triumfo de beata y sancta suerte
triumfando alegre de la triste muerte.

Este es Josep, que de la cárcel sale
echo señor de Exito y su partido,
éste es Moisén, que del amor se vale
para que faraón sea destruido.
Mardocheo es éste a quien dan el «bale»,
que a su enemigo muerto e ya bencido
en su cruz misma con potencia fuerte
liberta a todo el pueblo de la muerte.

Este es el sancto Daniel salido
del lago de los leones temerosos,
sin que algún daño ubiese rescivido
de aquellos animales espantosos.
Este es Jonás en Nínive venido,
éste es Cristo de males peligrosos
salido, pues la muerte no le puede
tener, que no aya deuda que le aquede.

Aqueste es por quien somos redimidos,
aqueste es por quien somos libertados,

éste es quien con trabajos doloridos
pasó muerte por todos los pecados;
éste que trae los sacros pies heridos,
los brazos y el costado traspasados,
es Jesús nazareno, y las heridas
son de amor soberano enriquezidas.

Contempla agora alegre, ánima mía,
el gozo de los cielos y la tierra,
que viendo de sus hijos la alegría,
el amargo dolor de sí destierra.
Mira qual en el alta gerarchía,
donde la corte celestial se encierra
dizen los paranimfos a millares,
alegres salmos, himnos y cantares.

El Sol cobra de nuebo nueba lumbre,
soplan Fabonio y Cefiro templados,
no lleban ya por montuosa cumbre
los robles, ni en los llanos los sembrados.
Con lento paso y pía mansedumbre
rodeado y cubierto de pescados
la cabeza Neptuno saca fuera
y espántase de ver la mar sebera.

Vela de muy furiosa, muy templada
sin bullicio ninguno lebantada
ve toda la borrasca sosegada
y el diáfano viento sosegado.
Entendió que la furia hera pasada
del cielo y como ya estaría bengado,
surcando el mar se arroja con tal gana
que mobió gran montón de espuma cana.

Fin
Laus Deo

Libros a la carta

A la carta es un servicio especializado para
empresas,
librerías,
bibliotecas,
editoriales
y centros de enseñanza;
y permite confeccionar libros que, por su formato y concepción, sirven a los propósitos más específicos de estas instituciones.

Las empresas nos encargan ediciones personalizadas para marketing editorial o para regalos institucionales. Y los interesados solicitan, a título personal, ediciones antiguas, o no disponibles en el mercado; y las acompañan con notas y comentarios críticos.

Las ediciones tienen como apoyo un libro de estilo con todo tipo de referencias sobre los criterios de tratamiento tipográfico aplicados a nuestros libros que puede ser consultado en Linkgua-ediciones.com.

Linkgua edita por encargo diferentes versiones de una misma obra con distintos tratamientos ortotipográficos (actualizaciones de carácter divulgativo de un clásico, o versiones estrictamente fieles a la edición original de referencia).

Este servicio de ediciones a la carta le permitirá, si usted se dedica a la enseñanza, tener una forma de hacer pública su interpretación de un texto y, sobre una versión digitalizada «base», usted podrá introducir interpretaciones del texto fuente. Es un tópico que los profesores denuncien en clase los desmanes de una edición, o vayan comentando errores de interpretación de un texto y esta es una solución útil a esa necesidad del mundo académico.

Asimismo publicamos de manera sistemática, en un mismo catálogo, tesis doctorales y actas de congresos académicos, que son distribuidas a través de nuestra Web.

El servicio de «libros a la carta» funciona de dos formas.

1. Tenemos un fondo de libros digitalizados que usted puede personalizar en tiradas de al menos cinco ejemplares. Estas personalizaciones pueden ser de todo tipo: añadir notas de clase para uso de un grupo de

estudiantes, introducir logos corporativos para uso con fines de marketing empresarial, etc. etc.

2. Buscamos libros descatalogados de otras editoriales y los reeditamos en tiradas cortas a petición de un cliente.

www.ingramcontent.com/pod-product-compliance
Lightning Source LLC
Chambersburg PA
CBHW031457040426
42444CB00007B/1136